Le
20 Avril
1901

RÉPUBLIQUE FRANÇAISE

LIBERTÉ — ÉGALITÉ — FRATERNITÉ

VILLE·DE·PARIS

LES FÊTES de la

Municipalité de Paris

RÉCEPTION A L'HOTEL DE VILLE

des Membres

de l'Association Internationale

des Académies

IMPRIMÉ A L'ÉCOLE MUNICIPALE ESTIENNE

Avril 1903

Fol. Z Le Senne

780

RÉCEPTION A L'HOTEL DE VILLE

DES MEMBRES

DE L'ASSOCIATION INTERNATIONALE

DES ACADÉMIES

666

Fol. 2. L. Senne

780

(1-9)

(1)

RÉCEPTION A L'HOTEL DE VILLE

DES MEMBRES

DE

L'ASSOCIATION INTERNATIONALE

DES ACADÉMIES

le 20 avril 1901

PARIS

IMPRIMERIE DE L'ECOLE MUNICIPALE ESTIENNE

18, BOULEVARD D'ITALIE, 18

—

1902

Réception

à l'Hôtel de Ville

DES MEMBRES

de

l'Association Internationale ☙

DES ACADÉMIES

❀

❊ 20 avril 1901 ❊

ADMINISTRATION

DE

LA VILLE DE PARIS ET DU DÉPARTEMENT DE LA SEINE

PRÉFET DE LA SEINE . . . . M. DE SELVES.

Secrétaire général de la Préfecture de la Seine. M. AUTRAND.

PRÉFET DE POLICE . . . . M. LÉPINE.

Secrétaire général de la Préfecture de Police . M. LAURENT.

SERVICES ADMINISTRATIFS

DIRECTEUR des Finances. . . . . M. FICHET.
— de l'Enseignement primaire . . . . M. BEDOREZ.
— de l'Assistance publique . . . . . M. MOURIER.
— de l'Octroi. . . . . M. DELCAMP.
— du Mont-de-Piété. . . . . M. DUVAL.
— des Affaires municipales . . . . . M. MENANT.
— des Affaires départementales . . . M. DEFRANCE.
— des Travaux. . . . . M. DE PONTICH.
— des Travaux d'Architecture . . . . M. BOUVARD.
— du Personnel . . . . M. QUENNEC.
— de l'Inspection administrative et du
Contentieux . . . . M. DEROUIN.

SERVICES TECHNIQUES

DIRECTEUR de la Voie publique . . . . . . M. BOREUX.
— des Eaux et de l'Assainissement . . M. BECHMANN.

SECRÉTARIAT DU CONSEIL MUNICIPAL

CHEF DE SERVICE . . . . M. F.-X. PAOLETTI.

La Municipalité de Paris

prie M

de lui faire

l'honneur d'assister au Banquet qui sera
donné à l'Hôtel de Ville, aux Membres de
l'Association Internationale des Académies,
le Samedi 20 Avril 1901, à 7 heures précises.

R. S. V. P.

La Municipalité de Paris

prie M.

d'assister à la

Soirée donnée à l'Hôtel de Ville, en l'honneur

de l'Association Internationale des Académies,

le Samedi 20 Avril 1901, à 10 heures ½.

Cette Carte est rigoureusement personnelle et n'est valable que pour une personne.
Elle doit être remise en entrant.

RÉCEPTION A L'HOTEL DE VILLE

DES MEMBRES

DE

L'ASSOCIATION INTERNATIONALE

DES ACADÉMIES

le 20 avril 1901

———

Au cours d'une conférence tenue à Wiesbaden, les 9 et 10 octobre 1899, les Académies et Sociétés savantes représentées décidèrent de fonder une Union internationale des principaux corps savants du monde entier sous le nom d'*Association internationale des Académies.*

BUT DE CETTE ASSOCIATION

Depuis longtemps, chez les savants de tous pays s'affirmait toujours davantage une tendance à l'association, un besoin de travailler en commun, d'unir leurs efforts, de poursuivre des recherches dont, par delà les frontières, l'objet reste le même. Dans les dernières années, on avait vu se multiplier les Congrès internationaux. Ces Congrès, où des spécialités diverses étaient mises à l'étude, eurent d'excellents résultats. Et peu à peu s'en dégagea l'idée de cet office universel, de cette coopération internationale que rendait, en quelque sorte, nécessaire le développement incessant des recherches scientifiques.

On comprend sans peine quels services paraît appelée à rendre la Fédération internationale des Académies.

D'abord, le concours des savants les plus compétents de chaque pays permettra de préparer et de mener à bien l'étude scientifique de ces grandes entreprises qui, jusqu'alors, exigeaient le concours de plusieurs États, et en même temps d'organiser, de coordonner, d'unifier, dans les questions purement scientifiques, les efforts individuels, les points de vue spéciaux de chaque nation. On sait que Leibniz prévoyait déjà et avait souhaité une association de toutes les Sociétés savantes du monde civilisé.

C'est qu'en effet cette coopération internationale, tout en favorisant les relations des savants, introduit dans le travail scientifique un principe d'émulation extrêmement fécond. C'est de son développement que doit dépendre l'avenir de la science.

Le premier Congrès de cette Association était

donc appelé à avoir un grand retentissement. Paris fut choisi pour cette première assemblée générale, qui devait avoir lieu le 15 avril 1901.

Ce choix, fixé par les savants étrangers, était pour notre ville un éclatant hommage. Il prouvait que Paris était bien resté le plus brillant centre intellectuel du monde, la capitale la plus séduisante du monde savant.

Sensible à l'hommage qui lui était ainsi rendu, la Ville de Paris tint à honneur de fêter ses hôtes avec magnificence. Elle leur prépara une réception digne de leur universelle renommée — et de sa propre réputation.

Les dix-huit Académies, composant l'Association internationale, avaient délégué pour prendre part aux travaux de la session :

1. AMSTERDAM .... Prof. H.-G. VAN DE SANDE BAKHUYSEN, à Leyde, président de la section physico-mathématique de l'Académie.
Prof. H. KERN, à Leyde, président de la section des lettres.
M.-J. DE GOEJE, professeur à l'Université de Leyde.

2. BERLIN .... D[r] phil. HERMANN DIELS, secrétaire perpétuel de l'Académie, professeur à l'Université.

2. BERLIN . . . . Dr phil. ROBERT HELMERT, professeur à l'Université, directeur de l'Institut géodésique, à Potsdam.

Dr phil. et méd. JAKOB HEINRICH VAN'T HOFF, professeur ordinaire honoraire à l'Université.

Dr phil. THEODOR MOMMSEN, professeur à l'Université, vice-chancelier de l'ordre *Pour le Mérite* pour les sciences et les arts.

Dr phil. EDUARD SACHAU, professeur à l'Université, directeur du séminaire pour les langues orientales.

Dr phil. et méd. WILHELM WALDEYER, secrétaire perpétuel de l'Académie, professeur à l'Université, directeur de l'Institut d'anatomie.

3. BRUXELLES . . . . Le lieutenant-général DE TILLY, directeur de la classe des sciences.

PAUL FREDERICQ, directeur de la classe des lettres et des sciences morales, professeur à l'Université de Gand.

4. BUDAPEST . . . . CHARLES DE THAN, président de classe, professeur à l'Université de Budapest.

IGNACE GOLDZIHER, professeur à l'Université de Budapest.

5. CHRISTIANIA . . . . . . J. LIEBLEIN, président de la classe des lettres, professeur à l'Université de Christiania.

6. COPENHAGUE . . . . . . J.-L. HEIBERG, professeur de philologie classique à l'Université de Copenhague.

G. ZACHARIAE, général de brigade, chef d'état-major général et directeur des travaux géodésiques en Danemark.

7. GŒTTINGUE . . . . E. EHLERS, secrétaire de la Société.

F. LEO, secrétaire de la Société.

7. Gœttingue....... Eduard RIECKE, professeur à l'Université de Gœttingue.

8. Leipzig.......... Wilhelm HIS, professeur d'anatomie à l'Université de Leipzig.
A. FISCHER, professeur de langue arabe à l'Université de Leipzig.
H. GELZER, professeur de philologie à l'Université d'Iéna.

9. Londres......... Prof. A. R. FORSYTH.
Sir Michael FOSTER, secrétaire de la Société royale.
Sir Archibald GEIKIE.
Prof. E. Ray LANKESTER.
Sir Norman LOCKYER.
Prof. A. W. RUCKER, secrétaire de la Société royale.
Prof. A. SCHUSTER.
Prof. C. S. SHERRINGTON.
Prof. Augustus WALLER.

10. Munich......... Walther DYCK, professeur de mathématiques et directeur de la K. *Technische Hochschule*.
Ferdinand LINDEMANN, professeur de mathématiques à l'Université de Munich.
Karl KRUMBACHER, professeur de philologie grecque à l'Université de Munich.

11. Paris .... Le comte DE LASTEYRIE, président.
ACADÉMIE DES INSCRIPTIONS ET BELLES-LETTRES.
Ph. BERGER, vice-président.
H. WALLON, secrétaire perpétuel.
Léopold DELISLE.
Gaston BOISSIER.
Georges PERROT.
BRÉAL.
BARBIER DE MEYNARD.
SÉNART.
Eug. MUNTZ.

3

12. Paris ....
ACADÉMIE DES SCIENCES.

FOUQUÉ, président.
BOUQUET DE LA GRYE, vice-président.
M. BERTHELOT, secrétaire perpétuel.
Gaston DARBOUX, secrétaire perpétuel.
MAREY.
MOISSAN.
Général BASSOT.
E. PERRIER.
LANNELONGUE.
GIARD.

13. Paris...........
ACADÉMIE DES SCIENCES
MORALES ET POLITIQUES.

Le comte de FRANQUEVILLE, président.
Albert SOREL, vice-président.
Georges PICOT, secrétaire perpétuel.
GRÉARD.
GLASSON.
de FOVILLE.
BROCHARD.

14. St-Pétersbourg.

FAMINTZIN.
Serge d'OLDENBOURG.

15. Rome...........

Angelo MOSSO, directeur de l'Institut physiologique à Turin.
Ignazio GUIDI, professeur à l'Université de Rome.

16. Stockholm .....

Gustaf RETZIUS, président de l'Académie des sciences de Stockholm.

17. Vienne ....

Dr Victor von LANG, professeur à l'Université de Vienne, secrétaire général de l'Académie des sciences.
Dr Theodor GOMPERZ, professeur à l'Université de Vienne.
Dr Joseph KARABACEK, secrétaire de la classe philosophique de l'Académie, professeur à l'Université de Vienne.

17. Vienne.......... Dr J.-C. JIRECEK, professeur à l'Université de Vienne.

Dr Alexander ROLLETT, professeur à l'Université de Graz.

Dr Gustave TSCHERMAK, professeur à l'Université de Vienne.

Seule, l'Académie de Washington, par suite d'un contretemps, ne put se faire représenter.

La réunion de l'Association des Académies fut l'occasion de fêtes officielles d'un grand éclat.

Les congressistes, parmi lesquels se trouvaient les savants les plus illustres du monde entier, furent reçus par M. le Président de la République et par le Président de l'Institut de France qui, au nom de l'État et des Académies, leur firent les honneurs du sol français.

Le Conseil municipal ne voulut pas que la Ville de Paris restât étrangère à ces manifestations. Dans la séance du 29 mars, sur la proposition de M. Jules Auffray, il donna mandat à son Bureau d'organiser une réception des savants à l'Hôtel de Ville.

Le 20 avril, un banquet, suivi de concert, fut offert aux membres de l'Association internationale. MM. Georges Leygues, ministre de l'Instruction publique, Delcassé, ministre des Affaires étrangères,

les membres de l'Institut de France, les conseillers
généraux du département de la Seine, les Direc-
teurs de la Préfecture de la Seine, les Secrétaires
généraux, les Présidents des grandes Associations
de presse y furent invités.

M. le Ministre de l'Instruction publique et M. le
Ministre des Affaires étrangères acceptèrent l'invitation de la Municipalité. M. Delcassé, retenu,
délégua pour le représenter officiellement M. Crozier, ministre plénipotentiaire, directeur du Proto-
cole.

Le 20 avril, à 7 heures, les invités, introduits
dans le salon des Sciences, furent reçus par le Président du Conseil municipal et le Préfet de la Seine,
entourés des membres du Conseil municipal, auxquels s'étaient joints M. le Préfet de Police et
MM. les Secrétaires généraux de la Préfecture de
la Seine et de la Préfecture de Police.

Le banquet eut lieu dans la grande salle des
Fêtes de l'Hôtel de Ville. Il était présidé par
M. Louis Dausset, président du Conseil municipal,
assisté de M. de Selves, préfet de la Seine.

A la table d'honneur avaient pris place
MM. Leygues, ministre de l'Instruction publique et
des Beaux-Arts, Lépine, préfet de Police, de Fran-

queville, président de l'Institut, Crozier, ministre
plénipotentiaire, représentant M. le Ministre des
Affaires étrangères, Mommsen, de l'Académie de
Berlin, Chérioux, président du Conseil général,
de Goëje, de l'Académie d'Amsterdam, Wilhelm His,
de l'Académie de Leipzig, Archibald Geikie, de
l'Académie de Londres, Darboux, secrétaire perpétuel de l'Académie des sciences, Wallon, secrétaire
perpétuel de l'Académie des inscriptions et belles-
lettres, Waldeyer, de l'Académie de Berlin, Von
Lang, de l'Académie de Vienne, Angelo Mosso, de
l'Académie de Rome, Bakhuysen, de l'Académie
d'Amsterdam, Gréard et Berthelot, de l'Académie
française, Opportun, vice-président du Conseil
municipal, Gay, syndic du Conseil municipal,
Autrand, secrétaire général de la Préfecture de
la Seine, Laurent, secrétaire général de la Préfecture de Police.

Une seconde table d'honneur, placée en face de
la première, était présidée par M. Duval-Arnould,
vice-président du Conseil municipal.

Le menu, dont la couverture était illustrée par André Brouillet, était ainsi composé :

Potages.
Tortue clair à l'anglaise.
Consommé brunoise.

———

Kromeskys milanais.
Brioches parisiennes.

———

Carpes de la Creuse farcies Chambord.

———

Noisettes de pré-salé Richelieu.
Jeunes pintades braisées aux truffes.
Terrines de homard américaine.

———

Granité au vin d'Asti.
Sorbets au kirsch.

———

Canetons de Duclair rôtis.
Parfaits de foie gras glacés au xérès.

———

Salade à la française.
Fonds d'artichauts au champagne.

———

Suprêmes de reine-Claude Montmorency.

———

Glaces tutti-frutti.

———

Dessert.

———

Vins.
Zucco vieux.
Saint-Émilion en carafes.
Haut-Barsac en carafes.
Champagne en carafes.
Château Haut-Brion Larrivet 1878.
Chambertin grand vin.
Veuve Clicquot frappé.

Pendant le dîner, un orchestre, dirigé par M. Bourgeois, exécuta les morceaux suivants :

1. Ouverture de la Muette de Portici... AUBER.
2. Sévillana de Don César de Bazan ... MASSENET.
3. Ouverture de Zampa .... HÉROLD.
4. Entr'acte de Philémon et Baucis..... GOUNOD.
5. Ouverture de Freyschütz............ WEBER.
6. Danses hongroises .... BRAHMS.
7. (a) Intermezzo de Cavalleria Rusticana MASCAGNI.
   (b) Gretna-Green (ballet)............. GUIRAUD.
8. Ouverture de Tannhäuser........... WAGNER.
9. Valse bleue .... MARGIS.
10. Larghetto .... E. BOURGEOIS.
11. Introduction et Mazurka de Coppélia.. DELIBES.
12. Méditation de Thaïs............... MASSENET.
13. Espana........................... CHABRIER.
14. Sylvia (Cortège de Bacchus).......... DELIBES.

Au dessert, M. le Président du Conseil municipal a prononcé le discours suivant :

MESSIEURS,

Au nom de la Ville de Paris, j'ai l'honneur de saluer Messieurs les délégués des Académies étrangères qui ont bien voulu accepter l'invitation du Conseil municipal, et je leur souhaite ici la bienvenue.

Je remercie les membres de l'Institut de France, qui connaissent tous depuis longtemps cette maison commune, et qui ont introduit si gracieusement auprès de nous leurs confrères étrangers.

En mainte occasion, Messieurs, Paris a tenu à
honneur de recevoir le plus dignement possible les
savants de tous les pays, et beaucoup d'hommes illustres
ont traversé avant vous notre Hôtel de Ville. Mais à
aucune époque on n'aura vu dans ces salons tant de
gloires ainsi rassemblées (*Applaudissements*). Le moins
éminent d'entre vous, Messieurs, est connu du monde
entier. Vous brillez tous, non de l'éclat éphémère que
donne la faveur inconstante du peuple, mais d'une
renommée solide et pure comme le diamant, qui s'appuie
sur des travaux impérissables, qui défie l'oubli du temps
et l'injustice des hommes. Paris, Messieurs, s'honore
en vous honorant. (*Applaudissements.*)

D'ailleurs, n'avez-vous pas droit à notre reconnaissance ? En choisissant Paris pour tenir la première
assemblée triennale de l'Association des Académies, vous
avez rendu à notre grande et chère cité un hommage
dont nous sommes fiers ; nous nous plaisons à croire
qu'elle a mérité votre préférence parce qu'elle est hospi-
talière entre toutes et infiniment avide de science, de
lumière et de vérité. (*Applaudissements.*)

De notre côté, nous vous avons préparé une réception solennelle, non pas seulement pour nous acquitter
d'un devoir d'hospitalité ou pour vous rendre une poli-
tesse, mais afin de célébrer en public un événement qui
restera, sans nul doute, l'un des plus considérables du
siècle nouveau. (*Très bien ! très bien !*)

Dans les jours précédents, trop brefs au gré de tous
vos hôtes, vous avez travaillé en silence, et, modestes...
comme des savants, vous vous êtes dérobés aux accla-
mations que Paris ne vous eût pas ménagées. C'est
pourquoi ce soir nous avons entr'ouvert en votre honneur

les portes de l'Hôtel de Ville, pour permettre à quatre
ou cinq mille Parisiens de venir vous saluer à leur tour ;
ils représenteront autour de vous notre vaillante démo-
cratie, qui s'intéresse ardemment à tous les efforts de
l'esprit humain ; quand ils vous auront vus, Messieurs,
ils auront le désir de vous mieux connaître, et, dès
demain, votre œuvre sera populaire.

Il faut qu'il en soit ainsi, Messieurs. L'entreprise
de votre Fédération universelle est trop vaste pour ne
point exciter l'admiration des peuples. Désormais, grâce
à vous, la science, déjà si féconde dans les limites des
frontières nationales, va pouvoir s'étendre et se déve-
lopper librement au milieu de tous les États civilisés du
monde, qui mettront en commun les ressources spéciales
de leurs budgets, les richesses de leurs musées, de leurs
bibliothèques et de leurs laboratoires, les commodités de
leurs relations diplomatiques, enfin le labeur même de
leurs citoyens les plus illustres, pour collaborer au per-
fectionnement matériel, intellectuel et moral de l'humanité. (Applaudissements.)

Qu'un savant universel comme le grand Leibniz
distribue sans compter la lumière de son génie aux
quatre coins de l'Europe, il est impossible après sa
mort de publier ses œuvres complètes. Seule, la con-
vention désintéressée que tous les corps savants viennent
de conclure permettra à un éditeur de réunir les innom-
brables manuscrits épars de l'auteur des *Nouveaux Essais*.
Quelle nation est assez riche et assez puissante pour éta-
blir la mesure de l'arc de méridien transafricain ? Vous
seuls, Messieurs, pouvez préparer cet immense travail
géodésique, qui servira à déterminer définitivement la
forme de la terre. La plupart des études sur le cerveau

4

demeuraient lettre morte, faute d'une nomenclature uniforme pour en désigner les détails. Vous avez décidé, Messieurs — et sur ce point votre action sera vraiment magnifique — de ramener à une unité parfaite la cartographie, les coupes, les statistiques, toutes les recherches relatives à l'encéphale, ce monde immense, complexe et si mystérieux encore ! Dirai-je que, grâce à votre initiative, les mesures physiologiques et les instruments enregistreurs de la mécanique animale pourront être bientôt les mêmes partout ? Citerai-je le règlement si généreux que vous avez élaboré pour le prêt mutuel des manuscrits ? Parlerai-je de ce catalogue de toutes les publications scientifiques depuis le commencement du xixe siècle, œuvre imposante que la Société royale de Londres a entreprise avec une si généreuse ténacité, et dont vos efforts combinés vont poursuivre l'achèvement ?

Pardonnez, Messieurs, à un profane d'avoir osé même rappeler le sujet de si nobles travaux. Mais, en vérité, l'esprit est émerveillé quand il cherche à prévoir les conséquences sociales de votre rapprochement ; je n'ai pu résister au désir de parler à cette place des premiers résultats que vous allez obtenir, pour associer en quelque sorte la Ville de Paris à votre œuvre de civilisation libérale et pacifique. (*Vifs applaudissements.*)

Ainsi, Messieurs, chacun de vous, recherchant son idéal et pratiquant son devoir, a pu apporter une pierre à l'édifice dont Bacon et Leibniz avaient autrefois conçu le plan magistral. Vous avez ainsi réalisé dans le domaine de la science, le seul où un tel effort fût possible, le rêve un peu désenchanté de notre Renan : « Puisse-t-il se former enfin, écrivait-il, une ligue des hommes de bonne volonté, de toute tribu, de toute

langue et de tout peuple, qui sache créer et maintenir,
au-dessus des luttes ardentes d'intérêts, un empyrée
des idées pures, un ciel où il n'y ait ni Grec, ni Bar-
bare, ni Germain, ni Latin ! »

Dans votre ciel, Messieurs, il n'y a plus de barbares,
certes ; mais il reste des hommes de nationalités différentes, et d'autant plus attachés à leur propre patrie
qu'ils l'ont illustrée davantage. Aussi le noble instinct du
patriotisme n'a-t-il rien à redouter de votre accord. On
peut aimer d'un égal amour la science et son pays ; et la
vie de plus d'un grand savant témoignerait assez qu'il n'y
a rien au-dessus de la patrie. Si le monde entier pro-
fite du génie d'un Leibniz et d'un Pasteur, qui songe-
rait à prétendre que Leibniz ne fut pas Allemand et que
Pasteur n'était pas Français ? *(Applaudissements.)*

Ainsi, Messieurs, forts et fiers du sentiment national
qui vous anime, vous pouvez les uns et les autres travailler avec plus de sérénité à l'œuvre scientifique universelle.

Cependant, Messieurs, si vous parvenez à exécuter
vos vastes conceptions, il est possible qu'un grand chan-
gement se produise dans l'ordre politique du monde.
Jusqu'à ce jour la paix était indispensable pour assurer
le libre développement des sciences, des lettres et des
arts ; désormais, c'est la science elle-même qui, par
l'union des grandes Académies, deviendra pour les
peuples une source intarissable de paix. *(Vifs applaudissements.)*

Je bois à ce rêve, qui déjà n'est plus une chimère !

Je bois à la coopération universelle du génie ; je bois
a la science, génératrice du progrès social !

Et je souhaite, en terminant, Messieurs, que la Ville

de Paris ait de nouveau l'honneur de vous recevoir, le jour prochain où vos facultés et vos énergies reliées et fortifiées par l'association auront soulagé la misère humaine. (*Salve d'applaudissements.*)

M. le Préfet de la Seine a prononcé ensuite l'allocution suivante :

MESSIEURS,

Nous sommes fiers de vous recevoir, je tiens à le dire bien haut à mon tour.

Nous sommes fiers de recevoir, à l'Hôtel de Ville, des personnalités éminentes comme les vôtres, gloire de leur pays, honneur de l'humanité tout entière.

Mais nous sommes heureux et fiers aussi, en vos personnes, de saluer et de rendre hommage à la noble et féconde idée qui a inspiré votre groupement.

Quoi de plus grand et de plus beau, en effet, que cette Association internationale des Académies, élite intellectuelle des nations, réunie dans un sentiment fraternel pour travailler en commun au bien et au progrès humain ?

Je vous salue, Messieurs, pour les travaux bienfaisants dont vous préparez l'éclosion, mais aussi, par delà ces travaux particuliers, pour l'horizon tout ensoleillé de paix et de fraternité que vous ouvrez aux yeux des hommes !

Sans rien sacrifier de l'amour que chacun de vous ressent pour sa patrie, et sans vouloir porter atteinte à un sentiment qui honore d'autant plus ceux qui le ressentent, qu'il est plus profondément enraciné dans leur cœur :

Vous dites que les frontières doivent s'abaisser parfois pour permettre aux hommes qu'elles séparent de se rapprocher et de se tendre la main ;

Que les hommes sont faits, non pour se haïr et se combattre, mais pour s'entr'aider et mettre en commun ce qu'ils ont d'énergie et de force au profit de la grande famille humaine dont ils sont également les fils. *(Très bien! très bien! — Applaudissements.)*

Puissiez-vous être entendus et compris !

Votre réception parmi nous, que rehausse la présence de M. le Ministre de l'Instruction publique et des Beaux-Arts, fixe une date dont s'honorera particulièrement notre Hôtel de Ville. Elle figurera désormais dans ses annales.

Je lève mon verre en votre honneur, Messieurs.

Je bois à vous tous.

Je bois aux pays auxquels vous appartenez et je m'incline devant leurs drapeaux, dont les plis se mêlent aujourd'hui au nôtre. *(Applaudissements prolongés.)*

M. le professeur Waldeyer, secrétaire perpétuel de l'Académie des sciences de Berlin, a pris la parole en ces termes :

MONSIEUR LE PRÉSIDENT DU CONSEIL MUNICIPAL,

MESSIEURS,

Je vous demande la permission de parler dans ma langue maternelle.

Si l'on a dit — je crois que c'est M. de Talleyrand — que le langage sert à dissimuler la pensée, on doit dire aussi que la langue maternelle sert a exprimer les vœux du cœur.

Ce sont les vœux de mon cœur que je vais exprimer

ici, bien mieux que je ne pourrais le faire dans votre belle langue, que je parle imparfaitement.

Voici la traduction du toast porté par M. Waldeyer :

Le 16 avril, les Académies assemblées ont été reçues par l'Institut de France, notre modèle à tous. Nous rendons grâce à l'Institut pour son invitation et pour la conduite de nos travaux ; nous avons réellement pu les exécuter en toute tranquillité, ainsi que l'a dit avec tant de justesse et d'à-propos le Président du Conseil municipal, et ainsi qu'il convient d'ailleurs à des travaux scientifiques.

Mais aujourd'hui nous avons l'honneur d'être reçus par les représentants de la Ville de Paris. Nous sommes ainsi arrachés à notre laborieuse retraite pour être produits au grand jour, et nous avons à rendre compte publiquement de notre activité. Il n'y a rien là pour nous embarrasser.

Un grand nombre de problèmes importants nous ont été soumis. Je regarde comme la meilleure marque des sages tendances de notre Congrès que nous n'ayons résolu qu'une faible partie de ces questions et que la plupart des autres aient soulevé de vives et profitables discussions. Si l'on tient à faire progresser la science, ce résultat ne sera pas obtenu par un accord superficiel et facile sur les propositions mises en avant, mais seulement par un examen sérieux et éclairé, au risque même d'ajourner à plus tard beaucoup de solutions. Ainsi avons-nous compris notre Congrès, et le toit même sous lequel nous nous sommes assemblés témoigne que nous ne nous sommes pas trompés.

C'est aussi ce qui ressort du chaud accueil que nous avons reçu de la part de la Ville de Paris, de la part du pays dans lequel la science austère a toujours eu son domicile, de la part de la Ville qui poursuit à jamais son rude labeur avec la fraîche ardeur de la perpétuelle jeunesse. Rome a pu prendre jadis le titre de Ville Éternelle ; Paris est la cité de la jeunesse sans cesse renaissante et, dans sa fraîcheur de jeunesse, la cité du travail ardent et joyeux. Que cette Ville laborieuse soit la marraine de notre Congrès académique !

Je lève mon verre et je bois à la santé de la Ville de Paris ! *Vivat, floreat, crescat in æternum!*

M. de Franqueville, président de l'Institut, s'est exprimé ainsi :

MESSIEURS,

L'Institut de France ne saurait manquer d'exprimer ici la vive reconnaissance que lui inspire l'accueil à la fois magnifique et cordial de la Municipalité de Paris. De tout temps, les élus de notre glorieuse capitale ont su prouver, non par de vaines paroles, mais par des faits et par des actes, l'intérêt très vif que leur inspirent les choses de la science, et un long discours serait nécessaire pour énumérer leurs libéralités. Le Conseil municipal, qui représente actuellement l'intelligente population de cette grande ville, a compris l'extrême importance que présente la création de l'Association internationale des Académies, et il a voulu s'associer à nous pour

accueillir les savants illustres qui viennent de tous les
pays du monde, dans le but de réaliser cette grande
œuvre souhaitée par Bacon et par Descartes, par Leibniz et par Condorcet, cette fédération intellectuelle dont
l'action doit être considérable dans le présent, dont la
portée peut être incalculable dans l'avenir. (*Applaudissements.*)

Bien faible est la distance qui sépare l'Hôtel de
Ville du palais Mazarin, et cependant, Messieurs, il
semble que nous habitions deux mondes différents. Les
lieux où nous sommes en ce moment réunis, ont été
témoins de beaucoup d'événements, et il s'y est écrit
plus d'une page de l'histoire de France. Vous êtes voués
à la vie active, et votre domaine embrasse l'adminis-
tration et la politique. Notre paisible demeure est, au
contraire, un de ces asiles dont parlait Lucrèce :

Edita doctrina sapientum templa serena.

Et pourtant combien de sentiments communs entre
nous : l'amour de cette ville où se trouve notre foyer, de
la patrie dont nous avons l'honneur d'être les fils, de
l'humanité à laquelle nous appartenons tous. Et c'est
précisément parce que vous éprouvez tout cela que vous
prenez si vivement intérêt à nos travaux.

Un des hommes qui ont le plus honoré la France, la
science et l'humanité, Pasteur, disait naguère que « la
culture des sciences dans leur expression la plus élevée
est peut-être plus nécessaire encore à l'état moral d'une
nation qu'à sa prospérité matérielle ». (*Très bien ! très
bien ! — Applaudissements.*)

Cette grande vérité, on l'a, grâce à Dieu, toujours
comprise dans notre pays, et les divers régimes qui se

sont succédé en France ont tenu à honneur de favoriser
les travaux de l'intelligence : la Monarchie a fondé les
Académies, l'Empire les a maintenues, et la République
a eu la gloire de créer l'Institut.

Les savants étrangers qui vont nous quitter, après
cette inoubliable semaine, peuvent constater aujourd'hui
que cette tradition est fidèlement suivie.

Le Gouvernement et le Parlement nous ont donné,
par la présentation et par le vote d'une loi spéciale, un
précieux témoignage de sympathie et, ce matin même,
M. le Président de la République, par son accueil si
plein d'aménité et de courtoisie, a bien voulu marquer
d'une façon très significative la haute estime en laquelle
il tient l'institution qui vient de naître. Ce soir enfin, le
Conseil municipal offre aux délégués des Académies
étrangères sa somptueuse hospitalité. Rentrés dans leurs
pays respectifs, les hôtes dont nous regrettons si vivement de nous séparer pourront dire que, s'il existe en
France, comme chez beaucoup d'autres peuples, des
partis opposés, il y a cependant une complète unanimité
de sentiments lorsqu'il s'agit des grands intérêts de la
science, qui sont aussi ceux de la civilisation. (*Vifs
applaudissements.*)

Vous le savez comme nous, Messieurs, la science
n'avance pas d'une marche toujours égale, elle connaît
les alternatives des insuccès et des triomphes, mais elle
ne se laisse ni abattre par les uns, ni enivrer par les
autres ; impassible et sereine, elle continue courageuse-
ment, à travers les âges, sa course magnifique et, suivan
la devise de la noble cité : *Fluctuat nec mergitur.* (*Applaudissements prolongés.*)

Le café fut servi dans la salle des Prévôts. Pendant ce temps, la salle du banquet était transformée pour l'organisation du concert.

A 10 h. 30, les salons furent ouverts au public des invités.

Les invitations, adressées en dehors du monde officiel, avaient été réservées aux professeurs des Facultés et du Collège de France; aux membres de l'Académie de médecine; au personnel des Écoles d'enseignement supérieur; aux membres du Conseil supérieur des Beaux-Arts; aux professeurs de l'École des beaux-arts et du Conservatoire; aux membres du Bureau des longitudes, du Bureau central météorologique, de l'Observatoire; aux professeurs du Muséum, du Conservatoire des arts et métiers, de l'Institut Pasteur; à la Société des gens de lettres, à la Société de géographie; à l'École d'anthropologie; aux membres des grandes Commissions de recherches historiques, économiques, scientifiques ou archéologiques, et, en général, réparties dans tous les milieux où l'on s'occupe d'art, de lettres, de sciences, de tout ce qui se rattache aux différentes divisions de l'Institut.

Le programme du concert donné dans la salle
des Fêtes était ainsi composé :

PREMIÈRE PARTIE

1. **La Princesse Jaune** (ouverture) . . . . SAINT-SAËNS.

2. **Duo des Dragons de Villars** . . . . MAILLARD.
   Mlle **Marié de l'Isle et M. Carbonne**
   (de l'Opéra-Comique).

3. **Air de Louise** . . . . CHARPENTIER.
   Mlle **Rioton (de l'Opéra-Comique).**

4. **Chanson du Blé** (les Saisons) . . . . V. MASSÉ.
   M. **Fugère (de l'Opéra-Comique).**

5. **Duo de Magali** (Mireille) . . . . GOUNOD.
   Mlle **Rioton et M. Carbònne.**

6. **Valse du Pardon de Ploërmel** . . . . MEYERBEER.
   Mme **Landouzy (de l'Opéra-Comique).**

Orchestre dirigé par M. LUIGINI

DEUXIÈME PARTIE

7. **Marche hongroise** . . . . BERLIOZ.
   Par l'orchestre.

8. **La Vague** . . . . O. MÉTRA.
   Réglée par M. J. Hansen.
   Dansée par Mlle L. Piron
   et Mlles SOUPLET, BOUISSAVIN, DIDIER, SIRÈDE, R. PIRON,
   LABATOUX, HANAUER, COCHIN, SORELLE, AVELINE,
   ROBIETTE, SCHWARTZ, LEQUIEN, COX.

9. A. **La Visite** . . . . XANROF.

   B. **Pourquoi n'êtes-vous pas venue?** . . . . XANROF.
   Mme **Carrère-Xanrof.**

10. **Astarté** . . . . X. LEROUX.
    Mme **Héglon (accompagnée par l'Auteur).**

11. **Divertissement de la Burgonde** . . . . P. VIDAL.
    · **Réglé par M. J. Hansen.**
    Dansé par
    Les Bayadères, Mlles J. REGNIER, G. COUAT, CARRELET.
    Les Turques, Mlles SALLE, BARBIER, BOOSS.
    Les Italiotes, Mlles BEAUVAIS, MEUNIER, L. MANTE.
    Les Khajares, Mlles PIODI, SOUBRIER, BILLON.

Orchestre dirigé par M. P. VIDAL

Dans le salon des Arcades, la musique de la garde républicaine, avec solistes, exécutait les morceaux suivants :

PREMIÈRE PARTIE

1. **Pax et Labor** (ouverture symphonique) . . . . G. PARÈS.
   Musique de la garde républicaine.

2. **Air d'Hérodiade** . . . . J. MASSENET.
   M. Gautier (de l'Opéra-Comique).

3. **Robert le Diable** (air d'Alice) . . . . MEYERBEER.
   Mme Tanésy (de l'Opéra).

4. **Mosaïque sur Aïda** . . . . VERDI.
   Musique de la garde républicaine.

5. **Duo de Mireille** . . . . GOUNOD.
   Mme Tanésy et M. Gautier.

———

DEUXIÈME PARTIE

6. **Scènes pittoresques** . . . . J. MASSENET.
   Musique de la garde républicaine.

7. **Robert le Diable** (récit et valse infernale) . . . . . MEYERBEER.
   M. Chambon (de l'Opéra).

8. A. **Menuet gothique** (quintette pour hautbois, clarinette, cor anglais, basson et cor) . . . . . BOELLMANN.
   B. **Gavotte.**
   MM. Clerc, Paradis, Gaudard, Couppas et Vialet.

9. **Duo de la Reine de Chypre** . . . . HALÉVY.
   MM. Gautier et Chambon.

10. **Orient et Occident** . . . . SAINT-SAËNS.
    Musique de la garde républicaine.

11. **Trio de Faust** . . . . GOUNOD.
    Mme Tanésy et MM. Gautier et Chambon.

Orchestre dirigé par M. G. PARÈS

LISTE

Par ordre d'Arrondissements et de Quartiers

DE

MM. LES MEMBRES DU CONSEIL MUNICIPAL DE PARIS

1ᵉʳ Arrondissement.

Quartier Saint-Germain-l'Auxerrois	....	Ferdinand LE MENUET.
—	des Halles......................	Maurice QUENTIN.
—	du Palais-Royal................	LEVÉE.
—	de la Place-Vendôme..............	DESPATYS.

2ᵉ Arrondissement.

Quartier Gaillon...........................	Gabriel BERTROU.
—	Vivienne.....	.. Ernest CARON.
—	du Mail	Léopold BELLAN.
—	Bonne-Nouvelle...................	Julien CARON.

3ᵉ Arrondissement.

Quartier des Arts-et-Métiers................	DUBUC.
—	des Enfants-Rouges...............	Louis DAUSSET.
—	des Archives....................	L. ACHILLE.
—	Sainte-Avoye....................	BRENOT.

4ᵉ Arrondissement.

Quartier Saint-Merri......................	OPPORTUN.
—	Saint-Gervais...................	PIPERAUD.
—	de l'Arsenal....................	Henri GALLI.
—	Notre-Dame....:..........	BARANTON.

5ᵉ Arrondissement.

Quartier Saint-Victor...................... Sauton.
— du Jardin-des-Plantes .... Desplas.
— du Val-de-Grâce.................. Chérot.
— de la Sorbonne.................. Jules Auffray.

6ᵉ Arrondissement.

Quartier de la Monnaie.................. Félix Roussel.
— de l'Odéon...................... Alpy.
— Notre-Dame-des-Champs........... Deville.
— Saint-Germain-des-Prés............ Duval-Arnould.

7ᵉ Arrondissement.

Quartier Saint-Thomas-d'Aquin .... Ambroise Rendu.
— des Invalides......... .... Roger Lambelin.
— de l'École-Militaire.............. Adrien Mithouard.
— du Gros-Caillou.................. Maurice Spronck.

8ᵉ Arrondissement.

Quartier des Champs-Élysées.............. Quentin-Bauchart.
— du Faubourg-du-Roule............. Chassaigne-Goyon.
— de la Madeleine................. Froment-Meurice.
— de l'Europe..................... César Caire.

9ᵉ Arrondissement.

Quartier Saint-Georges................,..... Paul Escudier.
— de la Chaussée-d'Antin............ René Piault.
— du Faubourg-Montmartre.......... Gaston Mery.
— Rochechouart.................... Barillier.

10ᵉ Arrondissement.

Quartier Saint-Vincent-de-Paul .... Camille Rousset.
— de la Porte-Saint-Denis............ Tournade.
— de la Porte-Saint-Martin .... Houdé.
— de l'Hôpital-Saint-Louis............ Faillet.

11ᵉ Arrondissement.

Quartier de la Folie-Méricourt............... Joseph WEBER.
— Saint-Ambroise.................... GELEZ.
— de la Roquette.................... RANVIER.
— Sainte-Marguerite................. CHAUSSE.

12ᵉ Arrondissement.

Quartier du Bel-Air........................ MARSOULAN.
— de Picpus....................... John LABUSQUIÈRE.
— de Bercy........................ COLLY.
— des Quinze-Vingts................ Pierre MOREL.

13ᵉ Arrondissement.

Quartier de la Salpêtrière.................. MOSSOT.
— de la Gare...................... NAVARRE.
— de la Maison-Blanche............. Henri ROUSSELLE.
— Croulebarbe..................... Alfred MOREAU.

14ᵉ Arrondissement.

Quartier du Montparnasse................... RANSON.
— de la Santé..................... HÉNAFFE.
— du Petit-Montrouge............... POIRIER DE NARÇAY.
— de Plaisance.................... PANNELIER.

15ᵉ Arrondissement.

Quartier Saint-Lambert.................... Adolphe CHÉRIOUX.
— Necker.......................... CHAUTARD.
— de Grenelle..................... Ernest MOREAU.
— de Javel........................ POIRY.

16ᵉ Arrondissement.

Quartier d'Auteuil.... .... EVAIN.
— de la Muette.................... CAPLAIN.
— de la Porte-Dauphine............. GAY.
— de Chaillot..................... FORTIN.

www.ingramcontent.com/pod-product-compliance
Lightning Source LLC
Chambersburg PA
CBHW060746280326
41934CB00010B/2370